PAPUS

Les Arts Divinatoires

Graphologie. — Chiromancie.
Physiognomonie. — Influences astrales

(Petit résumé pratique.)

AVEC FIGURES

PARIS
CHAMUEL, ÉDITEUR
79, Rue du Faubourg Poissonnière
(Près la rue Lafayette)

—

1895

LES ARTS DIVINATOIRES

Arcis-sur-Aube. — Typ. Léon FRÉMONT.

PAPUS

Les Arts Divinatoires

Graphologie. — Chiromancie.
Physiognomonie. — Influences astrales

(Petit résumé pratique.)

AVEC FIGURES

PARIS

CHAMUEL, ÉDITEUR

79, Rue du Faubourg Poissonnière

(Près la rue Lafayette)

—

1895

INTRODUCTION

Une personne « sérieuse » peut-elle étudier les Arts divinatoires ?

On étudie soigneusement les formes et les couleurs des végétaux et des animaux les plus divers, que ce soient des mollusques ou des baleines, des zoophytes ou des éléphants, mais dès qu'on parle de chercher pour les hommes une classification naturelle dérivée de la constitution actuelle de l'espèce et non des origines proposées par MM. les Ethnographes, tous les prétendus savants de s'écrier : Charlatanisme — Folie — Erreur !

Eh quoi ! l'on a classé les végétaux presque exclusivement d'après la constitution de l'embryon ou des organes génitaux, l'on a classé les animaux d'après l'existence, la non-existence ou les modifications du squelette et parce qu'un observateur viendra proposer une classification des hommes d'après la forme de leurs traits, d'après les nuances du teint dans la race blanche, d'après le geste révélé par l'écriture, on dira, sans vouloir s'en référer à l'expérience, « impossible », oubliant que ce mot n'est pas français.

Mais à côté de ces prétendus hommes de science, détracteurs par tempérament des idées nouvelles, se rencontrent encore bien d'autres adversaires des

« Arts divinatoires ». Parlons tout d'abord des *spé-
cialistes*.

Un individu a passé la moitié de son existence à
étudier la forme des orteils chez ses contemporains.
Pour lui toute classification des hommes non basée
sur la forme des orteils est « fantaisiste ».

Or, d'autres individus ont consacré la plupart de
leurs facultés intellectuelles à l'étude du geste fixé
par l'écriture ou *graphologie*. Si vous proposez à ces
subtils observateurs d'aller un peu plus loin et d'étudier *la forme* de cette main qui trace l'écriture,
ils répondent avec une touchante unanimité :
« Vous sortez-là, monsieur, des bornes scientifiques,
la graphologie est une SCIENCE, tout le reste n'est
que puérilité. »

Or, l'étude des orteils est une science aussi, pour
le spécialiste, tout comme l'étude de la bouche était
une science pour le créateur de la *Buccomancie*.

La Vérité est que toute recherche cantonnée dans
l'analyse d'une des manifestations de l'homme conduit à des résultats justes et que la manière de porter
son chapeau, correspondra à la manière de marcher
dans la rue, comme à la manière d'écrire, comme à
la forme de la main ou à la forme des traits.

L'homme manifestant à l'extérieur de mille façons
l'*Unité de sa Conscience*, il est sûr que l'étude de
chacune de ces mille manifestations conduira à cette
Unité par une voie différente.

Or, loin de voir dans ces recherches des détails
plus « scientifiques » les uns que les autres, nous
prétendons que, pour un philosophe, ils se valent tous

et qu'il faut laisser les sectaires et les myopes intellectuels se disputer les coins d'analyse pour s'élever franchement jusqu'à la synthèse et contrôler les données de la graphologie par les enseignements de la physiognomonie et les déductions de la Bucco-mancie par les traditions de la Chiromancie.

Il faut avoir le courage d'appeler les choses par leur nom et de se souvenir que « *la Science Occulte* » enseignée jadis dans les sanctuaires d'Egypte et de Grèce abordait avec soin l'étude de la Divination sous tous ses aspects. Témoin l'aventure de Socrate et du physiognomoniste (voy. Classiques).

Et c'est maintenant qu'il nous faut répondre à ceux qui, débutant dans l'étude de ces sciences occultes, dont on s'occupe fort aujourd'hui, prétendent aussi diviser ces études en « partie sérieuse » et « partie folàtre ». Lire dans la main, pour ces ignorants, c'est « rabaisser » ces augustes recherches ; mais prononcer devant des bourgeois ébahis le mot « Kether » ou évoquer les influences de la sixième séphire « Tiphereth », c'est rendre à ces recherches le « lustre » dont elles sont dignes.

N'en déplaise à ces messieurs, je pense que l'étude des lignes de la main est aussi « scientifique » que celle des Séphiroth et, après avoir déterminé une classification rationnelle de la Kabbale dans l'ensemble de la tradition hébraïque (1), après avoir retrouvé la clef mathématique de la construction de ce Tarot cher aux abstracteurs de quintessence (2), je ne pense

(1) La Kabbale, 1 vol. in 8°.
(2) Le Tarot des Bohémiens, 1 vol. in-8°

pas « rabaisser » le moins du monde la Science occulte en m'occupant de la forme des traits de l'homme ou des rapports du teint avec les impulsions psychiques.

La Vérité est qu'on blâme souvent ce qu'on ignore et les modernes « professeurs d'envoûtement » qui prennent des petits airs pincés quand ils voient lire dans la main, avouent à leur insu l'insuffisance complète de leurs connaissances en occultisme.

La Science occulte est « SYNTHÉTIQUE » et le sera toujours, malgré les efforts de ceux que cela paraît gêner.

Mais pour éviter les fausses appréciations, pour réduire à leur juste valeur les prétentions des pédants et des vaniteux, il est nécessaire que chacun puisse être à même de connaître les éléments de ces études pratiques qu'ils semblent dédaigner.

Puis, l'on me permettra de parler par expérience, un homme à qui vous dites, sur l'inspection rapide de sa main, les tendances les plus cachées de son caractère, ainsi que les événements les plus marquants de son passé avec la date exacte, est plus près de s'intéresser à ces études que l'individu devant qui vous tenez les raisonnements les plus subtils.

Ce n'est pas sans raison que les créateurs du livre de Toth-Hermès-Trismégiste, ont placé le bateleur en tête de toute révélation. En mode religieux, le miracle n'est-il pas le plus péremptoire des arguments ?

Aussi lorsque le *Figaro* m'a prié de faire pour ses lectrices un résumé des « Arts divinatoires » ai-je accepté la proposition avec empressement. J'étais persuadé d'amener par là à nos études plus d'adeptes que par tout autre propagande. Le fait est venu confirmer ma prévision.

Et maintenant, chères lectrices, j'ai réuni, sur la demande de beaucoup d'entre vous, ces quelques notes en une brochure, prélude d'un volume plus important et je vous convie toutes à l'apostolat de la Science sacrée.

PAPUS.

———

1.

GRAPHOLOGIE

La conduite dans le monde ou la lettre M.

Dans l'influence qu'exerce un individu sur le milieu extérieur apparaît sans déguisement le caractère intime. Or, la lettre M, soit qu'on l'écrive avec deux jambages, soit (ce qui est le plus fréquent) qu'on lui donne trois jambages, nous révèle facilement le secret désiré.

Le premier jambage représente celui qui écrit, le second jambage représente les autres hommes (quand il n'y a que deux jambages à la lettre). Mais les enseignements sont plus détaillés quand l'M a trois jambages. Dans ce cas, le premier représente la personne qui écrit, le second son ami intime et le troisième les personnes indifférentes. Regardez maintenant la hauteur respective des jambages de l'M.

L'orgueilleux pur, celui qui veut toujours avoir la première place dans un salon, fera un premier jambage énorme, un second plus court (l'ami intime), et un troisième encore plus court (mépris des indifférents).

Le politique, celui qui sait toujours se tirer d'affaire, fera un premier jambage assez grand, un second très court et un troisième un peu plus long que le second, mais pas si long que le premier. C'est-à-dire qu'il écrasera son ami intime entre le milieu extérieur et sa propre personnalité, quand les circonstances l'exigeront.

Le naïf, doué d'un excellent cœur, mais qui, toute sa vie, se laisse mener par le premier ami venu, se fera tout petit devant cet ami intime autant que devant le milieu extérieur, c'est dire que les jambages de l'M iront en augmentant de grandeur à partir du premier qui sera le plus court.

On peut ainsi avec cette simple division : la personne qui parle (1er jambage), la personne à qui l'on parle (2e jambage) et la personne de qui l'on parle (3e jambage), faire de curieuses applications qu'on verra justifiées par l'expérience huit fois sur dix au moins.

Le caractère général ou la lettre T.

Le *t* se compose de deux parties. La ligne verticale, qui représente la fatalité, tout ce qui est immuable, et la barre horizontale, qui indique l'influence de la volonté humaine sur cette fatalité.

De plus, il faut savoir encore que la partie supérieure de la ligne verticale du *t* se rapporte à tout ce qui est idéal, théorique et abstrait, au ciel, et la partie inférieure de cette ligne verticale se rapporte à tout ce qui est matériel, pratique et concret. Nous pouvons maintenant juger en toute connaissance de cause le caractère de nos correspondants.

L'optimiste barrera son *t* de bas en haut, c'est-à-dire de la terre au ciel; l'idéaliste pur, le poète barrera son *t* tout à fait dans le ciel (souvent au-dessus de la ligne initiale).

Le pessimiste barrera son *t* de haut en bas. La ligne commencée en plein idéal viendra toujours se terminer dans les tristes réalités de la vie terrestre.

L'homme pratique se gardera bien de se perdre dans le

rêve; aussi son *t* sera-t-il toujours barré au-dessous du milieu, c'est-à-dire en pleine réalité.

Grâce à cette théorie très simple, on peut voir très rapidement les tendances gaies ou tristes du caractère.

La volonté ou la lettre T.

Si le *t* indique le caractère général, il donne aussi de précieux enseignements sur le plus ou le moins de volonté que possède un individu.

Il suffit à cet effet de considérer la barre horizontale au point de vue, non plus de sa position, mais bien de sa grosseur. La partie appuyée indique le moment où la volonté est au maximum ; la partie déliée indique, au contraire, le moment où l'imagination l'emporte sur la volonté.

Ainsi, une personne qui barre son *t* par un trait appuyé au début et finissant en pointe a de la volonté au début d'une action et n'en a plus ensuite.

Au contraire, l'individu qui termine sa barre du *t* par un gros trait ne manifeste de la volonté qu'à la fin de ses entreprises.

L'Entêtement.

Celui qui enveloppe la ligne verticale du *t* dans une boucle terminée par une barre ascendante n'admet pas la Fatalité, il veut tout emporter dans les élans de sa volonté ; aussi est-ce très souvent un incorrigible entêté.

Enfin, la barre du *t* uniformément appuyée indique une volonté constante et soutenue. L'absence de barre manifeste l'absence de volonté et la barre est d'autant plus longue que l'imagination l'emporte sur le sens pratique.

La discrétion ou la lettre O.

Les lettres *o* ou *a* se rapportent, dans la symbolique gra-phologique, à la bouche.

Un individu parlera plus ou moins, suivant qu'il ouvrira ou fermera plus ou moins ses *o* ou ses *a*.

Ainsi, l'expansif, celui qui a besoin malgré tout d'un confident, d'un ami intime à qui livrer ses secrets, ne pourra jamais fermer un seul de ses *a* ou de ses *o*. Un tel individu préférera de beaucoup la vie du dehors et les voyages au pot-au-feu et à la vie de famille.

Par contre, celui qui ferme tous ses *o* et tous ses *a* est discret et ami de son « intérieur » au delà de toute expres-sion ; il l'est même souvent trop.

Généralement, il s'établit une sorte de moyenne entre les lettres fermées et les lettres ouvertes ; mais, chez un expansif les lettres ouvertes domineront toujours, et, chez un méditatif, un défiant, ce sera le contraire.

Comment on s'habille ou la lettre D.

La lettre *d* se compose de deux parties principales : la base et la barre verticale. La base ronde ou elliptique, ouverte ou fermée, a les mêmes significations que l'*o* ou l'*a* (discrétion ou indiscrétion) et représente l'individu lui-même. La barre verticale représente, au contraire, le port extérieur, la tenue mondaine et, par suite, l'habille-ment.

Voici la série générale indiquée par les diffé-rentes formes de la boucle du *d*.

L'homme officiel, toujours correctement re-dingoté, se manifeste par une barre entièrement verticale et sans boucle ; c'est le *d* classique.

L'employé de commerce, orné d'une cravate supposée irrésistible, contourne sa boucle en colimaçon; cela est d'aussi mauvais goût que sa tenue.

L'artiste qui ne s'inquiète nullement de sa tenue fait un paraphe très simple, sans aucune prétention.

Enfin, l'homme aux costumes excentriques, aux étoffes voyantes et aux vestons de coupe bizarre, renverse simplement sa barre du *d*. Il le trace comme il s'habille : caricaturalement.

De l'ordre ou la lettre I.

Voulez-vous savoir comment la personne qui vous écrit entend l'ordre? étudiez sa façon de faire la lettre *i*.

Le corps de la lettre représente le meuble, le point placé sur la lettre représente l'objet qui doit normalement se trouver sur ce meuble et, enfin, le mot dans lequel est contenue la lettre *i* représente la chambre tout entière.

Il est maintenant facile de juger notre écriture. Celui qui oublie ses points sur l'*i* n'a pas d'ordre. Celui qui fait de gros points bien placés directement sur le corps de l'*i* est un méticuleux chez qui tous les objets sont bien placés sur le meuble qui doit les supporter.

Par contre, celui qui met le point de l'*i* sur la lettre suivante a de l'ordre dans ses tiroirs, mais n'a aucun ordre sur sa table de travail.

Enfin, celui qui met le point de son *i* non plus sur la lettre suivante, mais bien sur le mot suivant celui où est contenue la lettre *i*, n'a d'ordre que par accès et, entre deux de ces grandes tranformations, les objets sont toujours... dans la chambre à côté.

Dernières considérations sur la Graphologie.

Le système de graphologie que nous avons présenté est très général et, par suite, ne donne aucun des nombreux détails qu'on trouve dans les ouvrages spéciaux. Ajoutons, cependant, quelques considérations à cet égard.

La franchise se voit aux mots grossissant et le mensonge aux mots diminuant et s'amincissant du commencement à la fin.

Les égoïstes font des paraphes à concavité inférieure, ramenant ainsi vers le commencement du mot le trait qu'ils tracent à la fin.

Les avares économisent le papier autant que leurs sous. Une lettre d'avare se reconnaîtra au premier coup d'œil. Il n'y a pas de marge, la lettre commence tout en haut de la page pour finir tout en bas et l'écriture est aussi rapetissée que possible. Au contraire, les prodigues gâchent leur papier et arrivent à ne mettre que quatre ou six lignes par page, avec des blancs et des marges énormes.

Les gens méticuleux et aimant la clarté terminent toutes les phrases par un petit trait et font beaucoup de paragraphes.

Les poètes séparent toutes leurs lettres ou, au moins, toutes leurs syllabes, les savants et les raisonneurs réunissent en un tout non seulement leurs syllabes, mais encore leurs mots. Cette division de la graphologie en intuitifs et déductifs est le fondement même de la méthode de l'abbé Michon et rappelle exactement la division des doigts en lisses et noueux, donnée par le capitaine d'Arpentigny dans le même sens.

CHIROMANCIE

Qu'est-ce que la chiromancie ?

Les petites bohémiennes à qui vous demandez, sur les grandes routes d'Espagne, de vous dire l'avenir, ou les « professionnelles » à qui vous demandez le même service à Paris, prennent votre main gauche et déchiffrent, plus ou moins habilement, les hiéroglyphes tracés en lignes bizarres sur la paume de cette main gauche.

La chiromancie est, en effet, l'art de lire le caractère des gens en étudiant les lignes de la main. Dans ce dernier siècle, le capitaine d'Arpentigny a créé un art nouveau qui consiste à étudier, non plus les lignes, mais *la forme* de la main ; de là, le nom de chirognomonie donné à cette branche nouvelle de la divination déductive.

Alexandre Dumas fils a illustré la chiromancie, dont il est aujourd'hui un des maîtres les plus éminents. Desbarolles a restauré cet art en en appliquant les lois et en cherchant à vérifier par l'expérience les enseignements de la tradition.

Les données que nous fournirons à nos lecteurs seront très générales, mais permettront de voir les tendances qu'on peut avoir vers l'art ou vers la science, les chances qu'on a d'être riche ou de faire un mariage d'amour ; à quel âge arriveront les grands changements dans la vie, etc., etc. Pour les questions de détails, nous renverrons aux auteurs « classiques ». De nombreuses gravures aideront, du reste, à comprendre les divers points de notre exposition.

Division générale de la main.

Considérez votre main gauche et voyez bien le médius,
ce grand doigt qui dépasse tous les autres. Il représente
la Fatalité, et il se continue dans la main par une ligne
verticale qui se nomme la Saturnienne ou ligne de Fatalité. Voilà l'image de la route que l'homme doit parcourir
durant son existence.

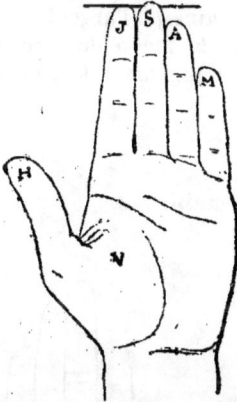

Mais, remarquez qu'à droite
du médius il y a deux doigts :
l'annulaire et l'auriculaire. Le
premier, Apollon, représente
l'art et la fortune ; le second,
Mercure, la science et le calcul
dans toutes ses applications
(commerce, jeu et aussi, en mau-
vaise part, vol). — Art et science,
ce sont les deux tendances
abstraites de l'être humain.

A gauche du médius existent
aussi deux doigts : l'indicateur
et le pouce. L'indicateur (Jupiter), c'est l'ambition matérielle
dans toutes ses modalités, et le pouce (l'homme lui-
même), c'est la volonté tenace, la froide logique et le
courage caractéristique de l'homme. Aussi, les Romains
coupaient-ils le pouce aux lâches ; de là, le nom de *pol-
liče trunco* (poltron).

Pour tout résumer, au milieu de la main, nous trou-
vons la Fatalité. A droite de cette Fatalité, les tendances
abstraites (art ou science) ; à gauche, les tendances posi-
tives (ambition pratique et logique).

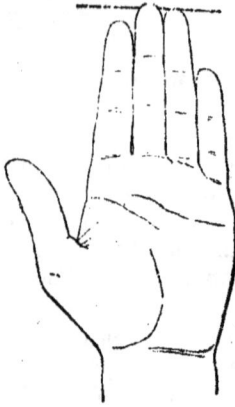

Pour porter un premier jugement sur un individu, voyez
quel est le doigt le plus long
par rapport à son médium pris
comme point de repère. Si
l'indicateur dépasse l'annulaire,
l'individu considéré préfère le
positif à l'idéal, l'argent à la
gloire.

Si, au contraire, l'annulaire
dépasse l'indicateur, l'individu
préfère la théorie à la pratique,
les fumées de la gloire aux soli-
des réalisations de l'argent.

Telle est la façon de porter
un premier jugement synthétique sur le caractère de l'individu.

Les lignes de la main.

La personne qui regarde pour
la première fois les nombreuses
lignes qui parcourent la paume
de la main se demande comment on peut se reconnaître
en un tel fouillis. Il n'y a cependant rien de plus facile. Laissons-
là les procédés indiqués dans les
livres, l'M plus ou moins marqué
et tous ces détails ennemis de la
clarté. Rappelez-vous simplement que vous avez cinq doigts,
et qu'une ligne, plus ou moins
bien indiquée, part de chacun de
ces doigts, et vous voilà déjà
chiromancienne émérite.

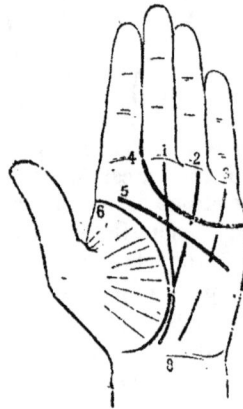

Ouvrez votre main gauche, posez-la sur une table, la paume en haut, et suivez sur le dessin ci-joint.

Du médius part une grande ligne qui traverse verticalement toute la main : c'est la ligne de fatalité, la *Saturnienne* (1), celle qui vous indiquera les changements survenus dans le cours de votre existence. De l'annulaire part (chez les personnes douées pour l'art) une autre ligne verticale, souvent réduite à un petit trait (2). De l'auriculaire part la *ligne d'Hermès* ou de l'Intuition (3) chez les personnes impressionnables. Toutes ces lignes sont verticales.

Mais revenons à l'index et remarquons la belle ligne, horizontale presque, qui aboutit à ce doigt. C'est la *ligne du cœur* (4), sur laquelle nous verrons vos chagrins d'amour, mesdames, et vos infidélités, messieurs.

Au-dessous de cette ligne de cœur et, horizontale aussi, nous verrons la ligne de la volonté, la *ligne de Tête* (5). C'est elle qui nous montrera comment les sentiments issus du cœur sont détruits par les froids raisonnements.

Enfin, tout autour du pouce, la fameuse *ligne de Vie* (6) qui donne quelques indications sur la santé, mais jamais sur la durée de l'existence, ce qui serait trop commode pour les Compagnies d'assurances.

En résumé, trois lignes verticales : *Saturnienne* (1), d'*Apollon* (2) et d'*Hermès* (3), c'est-à-dire de fatalité, d'art et de science. Trois lignes horizontales : de *Cœur* (4), de *Tête* (5) et de *Vie* (6) ou mieux de santé.

Voilà toute la science des bohémiens. Apprenons maintenant à lire ces hiéroglyphes.

Fatalité et Volonté.

Vous souvient-il de ce que nous avons dit concernant le *t*? La barre verticale indiquait là Fatalité et la barre horizontale indiquait, au contraire, l'influence plus ou moins grande de l'homme sur la Fatalité. Il en est de même dans la main.

Regardez la belle croix que forment la ligne de Fatalité partant du médius et la ligne de tête qui prend naissance à côté de la ligne de vie tout près du pouce.

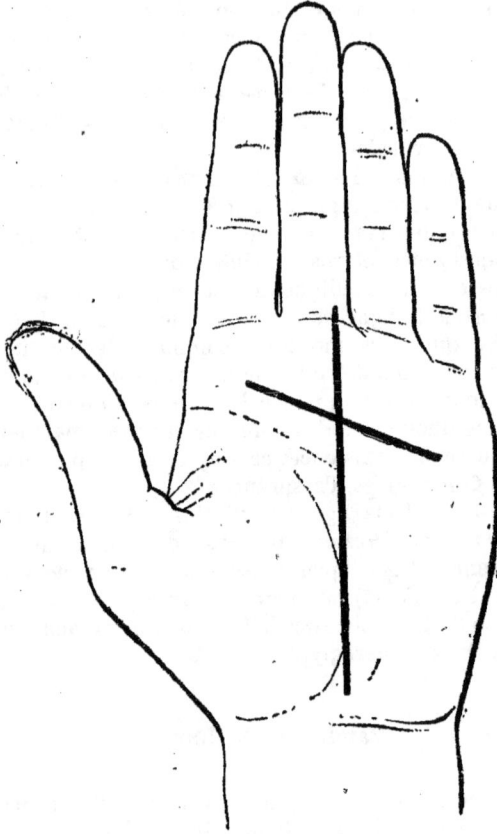

Le grand symbole du catholicisme est, en effet, la traduction la plus élevée de toutes les vérités : la lutte continue entre le Destin aveugle et l'homme éclairé par la Foi.

Si, dans une main, la volonté est plus profondément indiquée que la fatalité, vous avez affaire à un individu qui barre fortement ses *t* et qui, par suite, subordonne la vie tout entière à l'action.

Si, au contraire, la ligne de fatalité est profondément creusée et que la ligne de tête soit grêle, vous vous trouvez en présence d'un être qui s'inclinera toujours devant le destin et qui acceptera sans protester tous ses décrets.

Aux personnes qui vous diront que les lignes de la main dépendent des occupations courantes, faites remarquer que les nouveau-nés possèdent intégralement toutes leurs lignes. Ils n'ont cependant pas encore choisi de profession.

Les Ages et les Evénements.

(Saturnienne.)

Vous pouvez parfaitement voir dans les lignes de la main les principaux événements qui sont survenus ou qui surviendront dans le cours de l'existence et dire presque sûrement l'âge de la personne au moment de l'arrivée de ces événements. L'expérience (faite personnellement sur plus de 3,000 mains) montre que les faits concordent avec la théorie huit fois sur dix (80 0/0).

Pour arriver vite à ce fait, souvenez-vous que la ligne de Fatalité, verticale, coupe, dans son trajet, deux lignes horizontales, la ligne de tête dont nous venons de parler et la ligne cœur, plus haut.

Cette ligne de Fatalité indique le cours de l'existence et l'existence humaine est échelonnée sur une série d'années qui déterminent l'âge de la personne.

Or, les deux points de croisement de la Saturnienne avec les autres lignes correspondent à des âges bien déterminés.

La rencontre de la Saturnienne et de la ligne de tête indique vingt ans, la rencontre de la Saturnienne et de la ligne de cœur indique quarante ans. En divisant en deux moitiés l'espace qui sépare la ligne de tête de la ligne de cœur, on obtient trente ans.

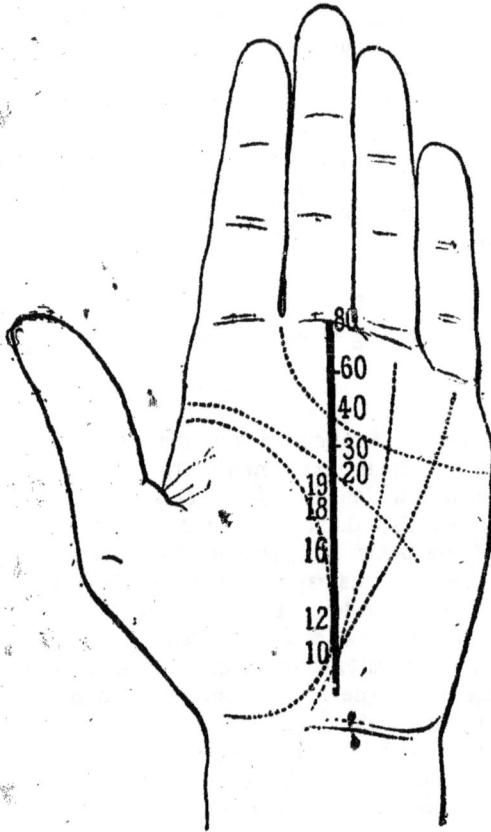

C'est d'après la direction des petites lignes qui croiseront la Saturnienne à ces diverses hauteurs que nous allons pouvoir déterminer le caractère des changements survenus pendant l'existence.

Caractère des événements.

Souvenons-nous que les deux doigts placés *à droite* du médius et toute la portion de la main sous-jacente indiquent les tendances abstraites et que les doigts et la portion de la main placés *à gauche* de la ligne de Fatalité et du médius (index et pouce) indiquent les réalisations matérielles, les accroissements de fortune ou de bien-être physique.

Si donc nous voyons une ligne traverser la Fatalité, rendons-nous bien compte de la direction de cette ligne.

Ainsi, considérez la figure ci-jointe.

Une ligne coupe la Fatalité un peu au-dessus de la ligne de tête et se dirige vers l'annulaire (Apollon). Qu'est-ce que cela veut dire?

Un peu au-dessus de la ligne de tête, cela veut dire un peu au-dessus de 20 ans — vers 25 ans dans le cas actuel.

La direction vers Apollon indique une tendance artistique.

La Fatalité coupée indique un changement de position vous résumez donc tout cela en disant :

A 25 ans, vous avez changé de position et vous vous êtes adonné à l'art.

C'est un combinant: 1° l'âge de l'événement; 2° la direction de l'événement; 3° le caractère de l'événement qu'on arrive à dire des choses surprenantes. C'est on ne peut plus facile et, avec deux jours d'exercice, on parvient rapidement à de très curieux résultats.

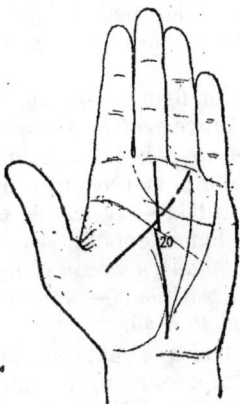

Les coups de chance.

Quand une ligne est accompagnée d'une ou plusieurs autres lignes annexes, cela indique un accroissement des indications données par cette ligne.

Ainsi beaucoup de personnes se figurent que pour avoir une vie heureuse, il faut que la ligne de Fatalité soit toute droite et très marquée. Vous ne trouverez une telle ligne que dans la main des personnes qui, depuis l'âge de raison jusqu'à la mort, ont une vie toujours pareille et sans le moindre événement. C'est là le bonheur du mollusque.

Généralement, au contraire, la ligne de Fatalité est coupée et chacun des sauts de cette ligne indique un événement important. De plus, chaque fois que de petites lignes accompagnent la ligne de Fatalité, cela indique un accroissement de chance, en gloire si les petites lignes sont à droite, en fortune si les petites lignes sont à gauche.

Ainsi, prenons comme exemple la figure ci-jointe. *A 20 ans, changement de position avec succès de gloire.* (La Saturnienne saute à la rencontre de la ligne de tête — 20 ans — et de petites lignes apparaissent à droite.) *A 30 ans, nouveau changement de position. — Période difficile de 30 à 40.*

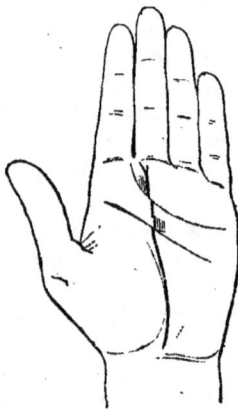

(La Saturnienne saute au milieu de l'espace compris entre la ligne de tête et les lignes de cœur — 30 ans. — Les petites lignes disparaissent.)

A 40 ans, coup de chance et fortune (les lignes reparaissent à gauche).

2

Mariage d'amour.

L'amour, quoi qu'on en dise, exerce toujours une influence prépondérante sur l'esprit féminin. Voyons donc les traditions de la science secrète au sujet des signatures d'amour au point de vue de la chiromancie.

Commençons par le mariage d'amour.

Voyez sous le doigt indicateur (Jupiter) cette belle

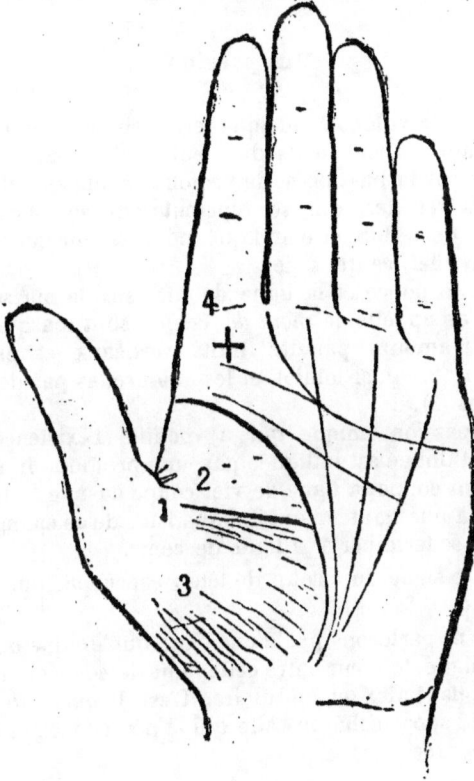

croix qui vous frappera certainement (4). C'est là l'indice
d'un mariage d'inclination assuré. Mais prenez garde, car
si la croix n'est pas bien nette à la base, si elle est coupée
par de petites lignes qui la traversent, le mariage ne se
fera qu'après bien des obstacles.

Si la croix n'est pas complètement formée, le mariage
projeté n'aura pas lieu ; enfin, s'il y a deux croix placées
à côté l'une de l'autre, il y aura deux mariages d'inclination dans la vie. Notre expérience personnelle nous
permet d'affirmer la réalité de cette tradition huit fois sur
dix.

Une passion.

Parfois la volonté, quelque ferme soit-elle, doit céder
le pas aux emballements du cœur. L'être tout entier est
dominé par la passion et de profonds changements pour-
ront en résulter, qui se répercuteront sur l'existence
entière. Cela doit être indiqué pour le chiromancien et
c'est, en effet, ce qui a lieu.

Entre le pouce et la ligne de vie, sur la masse char-
nue qu'on appelle le *mont de Vénus*, sont marquées les
grandes amours par des traits verticaux et profonds
(voyez n° 2, fig. ci-jointe), et les amourettes par des traits
plus fins (3).

Une passion unique qui a modifié l'existence à un
moment donné est indiquée par une profonde ligne verticale qui coupe la ligne de vie, coupe ensuite la ligne de
fatalité à une hauteur qui indique l'âge de ce changement
et vient se terminer à la ligne de cœur.

C'est le signe du « coup de tête » causé par une affaire
de cœur.

Nous ne parlerons pas d'une ligne qui double quelquefois la ligne de cœur entre cette ligne de cœur et la racine
des doigts index et annulaire. C'est l'*anneau de Vénus*
qui prédispose celui ou celle qui le possède à des emballements excessifs.

La fortune. — La gloire.

Après l'amour et bien souvent avant la gloire la fortune n'intéresse-t-elle pas par-dessus tout beaucoup de nos lectrices ?

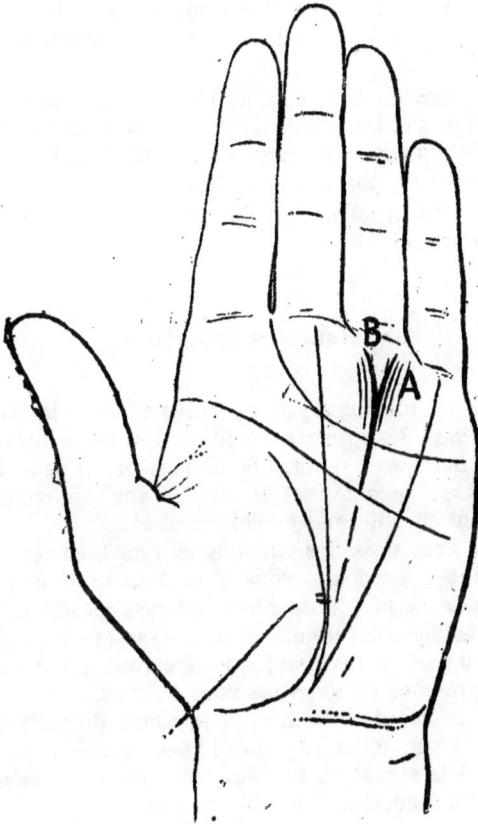

Quel est donc le signe mystérieux qui nous permettra d'espérer en la richesse ?

Le veau d'or est quelque peu parent de Satan, si nous en croyons le récit de l'indignation de Moïse au sujet du symbole du radieux métal. Or, le signe de la fortune sera une fourche, arme diabolique par excellence, placée sous Apollon (B fig. ci-jointe). Plus la fourche est bien formée, plus l'aveugle dispensatrice des biens de cette terre sera généreuse à votre égard. Il est donc très utile de bien vérifier ce signe quand on étudie rapidement les lignes de la main.

La longueur de la ligne d'Apollon indique les tendances artistiques et les petites lignes rayant le mont d'Apollon (A) indiquent la réussite sûre dans les réalisations intellectuelles et, partant, la gloire.

Bienheureux Apollon qui dispense le laurier au poète et l'or au financier !

La science et l'intuition.

Hermès préside aux mystères sacrés et donne la science aux hommes, les pressentiments et les rêves prophétiques aux nerveuses natures féminines. Or, le petit doigt, ce bavard qui raconte tant de choses aux nourrices, est le représentant d'Hermès en chiromancie.

Si donc vous possédez une longue ligne bien creusée et aboutissant à ce doigt, vous avez tous les dons requis pour l'étude et la pratique des sciences occultes, votre intuition est bien développée et vous « sentez » les influences, bonnes ou mauvaises, qu'exerceront sur vous les gens en présence de qui vous vous trouvez.

Si sur le mont d'Hermès, à la racine du petit doigt, vous voyez une foule de petites lignes verticales parallèles, c'est là la signature de l'amateur des sciences naturelles et du médecin.

2.

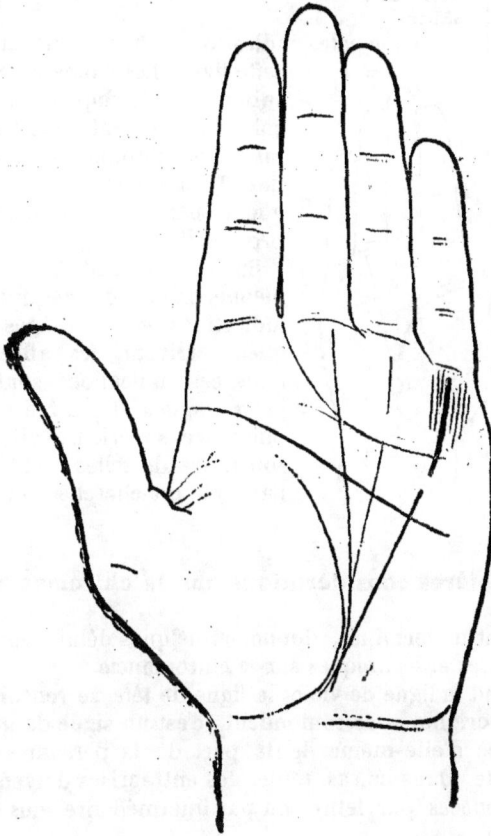

La santé.

La ligne de vie qui entoure le pouce est bien mal nom-
mée, puisque de nombreuses constatations expérimenta-
les nous ont montré que cette ligne n'indique pas du tout
la longueur de la vie, mais bien les accidents qui attei-

gnent le corps physique. On devrait donc l'appeler plutôt ligne de santé.

Voici les principales indications qu'on peut tirer de cette ligne. Les dangers de mort subite sont indiqués par des solutions de continuité (1). Les maladies chroniques par des îles (3) et les maladies de langueur par un affaiblissement progressif de la ligne (2).

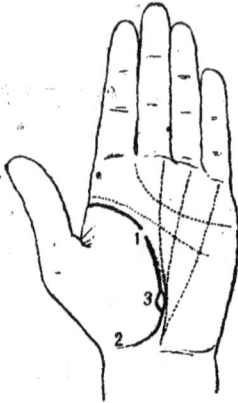

En se reportant à la Saturnienne, on peut donner quelques indications sur les âges auxquels arrivent ces affections, mais ces indications sont toujours vagues. Il semble qu'une puissance supérieure ait voulu soustraire de telles certitudes à l'analyse du chercheur curieux.

Dernières considérations sur la chiromancie.

Avant de terminer, donnons quelques détails complémentaires et techniques sur la chiromancie.

Quand la ligne de vie et la ligne de tête se rencontrent à leur origine et se confondent, c'est un signe de grande défiance d'elle-même de la part de la personne qu'on consulte. Dans ce cas, toutes les entreprises doivent être commencées par lettres ou par intermédiaire sous peine d'échec.

Au contraire, quand la ligne de vie est, dès le début, bien séparée de la ligne de tête, c'est le signe d'une grande confiance en soi-même et le gage presque certain d'une réussite rapide pourvu qu'on n'abandonne jamais le début d'une entreprise à un tiers.

Quand la séparation entre la ligne de vie et la ligne de tête n'est pas complète et que de petites lignes en X

relient les deux grandes lignes, c'est signe de confiance
en son étoile et de défiance de soi-même.

On trouve au niveau du poignet des lignes horizontales
formant chacune un demi-bracelet. D'après la tradition,
chacune de ces lignes indique vingt ans d'existence. L'ensemble de ces lignes constitue la *rascette*.

La phalange unguéale du pouce indique la volonté et
l'autre phalange indique la logique. En regardant la longueur comparative des deux phalanges on peut déterminer l'influence prépondérante soit de la logique, soit de la
volonté dans l'être humain.

Toute ligne qui en double une autre augmente les indications normales. Ainsi la ligne de vie doublée est signe
d'excellente santé, la ligne de tête doublée, de grande
force de caractère, etc., etc.

———

PHYSIOGNOMONIE

—

La physiognomonie.

On ne peut toujours demander à une personne dont on veut voir le caractère de vous confier sa main, fût-ce la gauche. Comment faire dans ce cas?

Toutes les formes de l'être humain se correspondent strictement, et c'est même la recherche de ces rapports qui permet à un homme de science de s'occuper de ces questions avec autant d'intérêt que s'il poursuivait une branche quelconque d'anatomie.

Lors donc qu'il vous est impossible de voir la main de la personne que vous désirez juger, contentez-vous de considérer ses traits, qu'elle ne peut certes cacher, et vous saurez mille choses intéressantes à son égard.

Il existe une foule de traités de physiognomonie, à commencer par l'œuvre justement célèbre de Lavater. Mais ces ouvrages manquent de lois générales, et le lecteur se perd en une foule de remarques de détails qui paralysent toute étude sérieuse.

Nous allons nous efforcer de donner des conseils aussi pratiques et aussi clairs que possible. Maintenant, aimable lectrice, apprêtez-vous à voir tous les secrets de vos amis.

Du profil.

D'une façon très générale, on peut classer les êtres humains en quatre catégories correspondant aux hiéroglyphes que la tradition attribue aux quatre évangélistes.

Nous aurons d'abord les *calmes*, les patients, dont le défaut est surtout la lenteur et dont l'hiéroglyphe est le bœuf; nous aurons ensuite les *passionnés*, les *actifs* dont le défaut est l'inconstance et surtout la colère, et qui sont caractérisés par le lion. Puis nous pourrons considérer les *nerveux*, les intellectuels dont le défaut (si c'en est un) est l'amour des hauteurs éthérées et par suite l'absence de sens pratique et qui ont comme hiéroglyphe l'aigle. Enfin les *volontaires*, les ambitieux caractérisés par l'être à forme humaine et qui, matérialisés, peuvent être des égoïstes ou des envieux.

Parmi les procédés qui permettent une classification rapide, il en est deux principaux : l'étude du profil et l'étude du teint. Nous nous occuperons, pour l'instant, du profil et surtout du nez.

Le nez, de profil, se présente sous deux aspects principaux, concave (nez relevé, nez en trompette), ou convexe (aquilin). Les nez droits sont le plus souvent des nez aquilins mal étudiés.

Or, les individus ayant le nez concave de profil sont ou des calmes ou des passionnés.

Ceux qui ont le nez aquilin sont, au contraire, ou des nerveux ou des volontaires.

Classification des nez.

Nous avons divisé les êtres humains en deux catégories, ceux qui, vus de profil, avaient le nez en trompette (nez concave), et ceux qui avaient, au contraire le nez convexe (nez aquilin).

On ne pourrait porter aucun jugement sur des données aussi générales. Voyons donc un moyen des plus simples de parfaire ces divisions.

En regardant le bout du nez (toujours de profil) et en cherchant s'il est rond ou pointu, votre classification sera déjà très complète. En effet :

Le nez concave à terminaison ronde rappelle vaguement le profil du bœuf et est caractéristique du *calme*, surtout si les lèvres sont molles et épaisses.

Le nez concave à terminaison pointue rappelle vague-

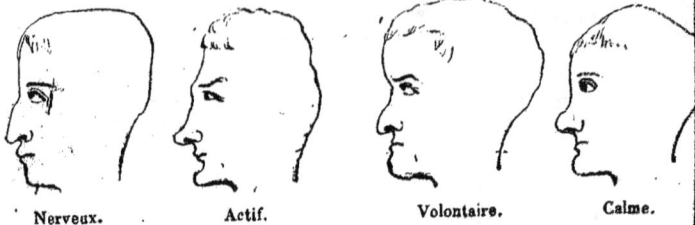

Nerveux. Actif. Volontaire. Calme.

ment le profil du chien, et est caractéristique de l'*actif*, du passionné, surtout avec des lèvres charnues et colorées.

Voilà pour le nez en trompette.

Le nez convexe à terminaison ronde caractérise le *volontaire*.

Les lèvres sont minces et la bouche droite (à trait de couteau). Profil d'aigle.

Le nez convexe à terminaison pointue caractérise le *nerveux*.

Les lèvres sont minces mais tombantes. Profil de perroquet (1).

Du teint.

L'homme possède généralement deux natures très distinctes et souvent fort différentes. L'une est l'être intérieur dont il cache soigneusement les impulsions ou les passions; l'autre est l'extérieur, celui que le monde connaît, fruit de l'éducation et du travail de tous les instants. C'est là la fausse nature, le rideau derrière lequel se dérobe la nature véritable. Nous venons de voir comment

(1) Les dessins ci-joints sont de M. Gary de Lacroze, le célèbre hermétiste, qui nous a gracieusement autorisé à les reproduire.

l'examen du profil permettait de découvrir l'être réel caché sous l'être d'emprunt; occupons-nous d'un autre procédé de diagnostic : l'examen du teint.

On classe les races humaines en quatre types principaux d'après leurs couleurs : les blancs, les rouges, les jaunes et les noirs. Or, il est curieux de constater que le teint des individus répond à ces divisions mêmes dans la race blanche et que les *calmes* auront le teint manifestement blanc par rapport aux *actifs* dont le teint sera rouge, aux *nerveux* dont le teint sera jaune et aux *volontaires* dont le teint sera sombre, allant quelquefois à atteindre une teinte voisine du noir, déduction faite des nécessités de couleur imprimées par la race. Nous allons voir comment on peut très facilement classer les teintes des personnes auxquelles on a affaire.

Détermination du teint.

On ne peut se rendre un compte exact de la valeur d'un ton que par comparaison avec un autre ton, pris comme point de repère.

Prenez donc une feuille de papier bien blanche (papier à lettres ou papier écolier). Vous possédez ainsi le point de repère indispensable.

Priez plusieurs personnes d'appliquer leur poing fermé, les doigts en dessous, sur cette feuille de papier, et vous constaterez facilement que la peau, en apparence blanche, est, au contraire, jaune, rouge ou noire par rapport à la blancheur du papier. Ce n'est qu'en présence d'une nature calme que vous trouverez une concordance, très faible, du reste, entre la couleur du papier et celle de la peau.

Vous obtiendrez ainsi la nature *vraie* des individus en vous souvenant que les calmes ont la peau relativement blanche, les actifs ont le teint rouge, les nerveux jaune et les volontaires noir.

Voilà donc une manière rapide et facile de classer les individus, surtout si vous appliquez en même temps les données déjà connues concernant le profil.

Les deux natures.

Nous avons vu que l'homme avait généralement deux natures : celle qu'il cache et celle qu'il montre ; l'une pour le monde, l'autre pour l'intimité. Si bien que, lorsque vous avez épousé un homme très gai dans le monde, il se trouve que cet homme est maniaque et toujours triste dans l'intimité et réciproquement. Voyez donc l'utilité de la physionomie pour le bonheur futur des ménages.

Vous savez découvrir par l'examen du teint la nature cachée, comment déterminer exactement l'autre ? Car, pour dire vrai, ce n'est pas en sachant l'une des sources de nos impulsions qu'on nous connaîtra parfaitement. Pour arriver à quelque chose de sérieux, il faut au moins deux déterminations bien caractérisées.

Pour obtenir ce résultat, il suffit de remarquer que le visage présente presque toujours deux teintes caractéristiques. Superficiellement une teinte qui indique la nature extérieure et, formant le fond, une autre teinte indiquant la nature intime, et c'est cette seconde teinte seulement que vous retrouverez sur la main. En prenant, pour l'examen d'un homme, le col de la chemise blanc comme point de repère, on voit qu'il y a des visages rouges sur fond blanc (pommettes rouges, front blanc), rouges sur fond sombre ou rouges sur fond jaune, etc., etc. De même, il n'y a pas dans la nature des hommes purement calmes, ou purement nerveux ; il y a des hommes calmes volontaires ou calmes nerveux, de même que des nerveux volontaires, des nerveux actifs, etc.

Le teint de la main, comme le profil du nez, indique la nature dominante, la nature vraie, celle qu'on cache avec

3

le plus de soin — et celle qu'on doit placer la première dans l'énumération.

La teinte superficielle et accessoire des joues et du visage indique de plus la nature adjointe, celle qu'on montre volontiers et qui doit être placée la seconde dans l'énumération.

Ainsi, un nerveux actif est un homme dont le teint de la main est jaune (nerveux) et dont les joues sont colorées, soit rosées ou rouges (actif).

La tranquille.

Avant de quitter la Physiognonomie, nos lectrices ne manqueront pas de nous demander de nouveaux détails sur ces quatre divisions qu'elles savent maintenant appliquer. Ce n'est pas tout de faire le diagnostic, il faut aller plus loin. Nous allons donc satisfaire à ce légitime désir. Donnons d'abord quelques détails sur la Tranquille ou calme.

Physiquement, la Tranquille se reconnaîtra aux petits pas lents de sa marche, à son teint blanc, à ses cheveux ordinairement blonds, à son nez concave à terminaison ronde, à ses lèvres épaisses, blanches et molles. Son écriture est ronde et uniforme et se rapproche beaucoup de la calligraphie.

La Tranquille aime la rêvasserie et est peu expansive. Son péché mignon est la gourmandise et on la croit paresseuse. Le plaisir, pour elle, dérive toujours de la passivité de son être ; aussi est-elle excellente musicienne ; mais préfère entendre qu'exécuter.

Le sentiment tient une grande place dans la vie de la Tranquille, et toutes affections doivent être sentimentales au début. Cependant la réussite d'une affection dépend uniquement de l'insistance et un peu aussi de l'audace du futur.

La Tranquille a beaucoup d'ordre et s'entend fort bien à conduire un intérieur, pourvu qu'elle ait le nombre voulu de serviteurs ; sans cela, tout est toujours en retard.

Dans une telle nature, la mémoire est excellente (mémoire des noms et des dates) ; l'intelligence lente, mais assez ouverte, surtout aux données concrètes, la volonté faible et toujours prête à abdiquer, se manifestant dans la lutte par la force d'inertie. L'imagination travaille un peu, mais seulement dans le repos. La sensibilité est en général peu développée.»

L'active.

Physiquement, l'active se reconnaîtra aux grands pas rapides de sa marche, à son teint rouge, à ses cheveux noirs (rarement blonds, souvent roux), à son nez concave à terminaison pointue, à ses lèvres épaisses, rouges et fermes. Son écriture est hésitante et en zigzag, avec beaucoup de lettres mal formées.

L'active aime, comme son nom l'indique, l'action, et est très expansive. Son péché mignon est le mensonge, et on la dit très passionnée. Le plaisir pour elle dérive toujours de l'activité de son être, aussi aime-t-elle les voyages et, quand elle est artiste, préfère-t-elle le chant ou le théâtre.

L'enthousiasme tient une grande place dans l'existence et toutes les affections doivent être passionnelles au début. La réussite d'une affection dépend uniquement de la souplesse et de la patience qu'opposera le futur aux colères et aux tracasseries dont il sera l'objet.

L'active a de l'ordre dans ses armoires et aucun ordre dans la chambre où l'on se contente de tout remettre en place par accès, tous les mois, ou moins souvent encore. L'active conduit assez bien son intérieur, mais fait la vie très dure à ses domestiques qu'elle surveille étroitement. L'idéal à atteindre dans cet intérieur est la vitesse.

Dans une telle nature, la mémoire est rapide, mais fugitive (mémoire des lieux et des couleurs) ; l'intelligence ouverte et les facultés d'assimilation très développées. La volonté est faible ; mais son absence est déguisée par des entêtements et des colères ; l'imagination travaille beaucoup, surtout devant un tiers et en parlant.

La sensibilité est, en général, très développée.

La nerveuse.

Classiquement, la nerveuse se reconnaîtra à ses petits pas rapides, rappelant le sautillement de l'oiseau, à son teint à dominante jaune, à son nez aquilin à terminaison pointue, à ses lèvres fines, serrées et dirigées en bas. Son écriture est pointue et très penchée avec de nombreux paraphes.

La nerveuse vit intellectuellement bien plus que physiquement. Ses défauts et ses qualités sont donc surtout d'origine psychique. La jalousie et l'envie sont ses gros péchés, et il faudra éviter avec soin ses colères blanches suivies de longues rancunes. Le plaisir, pour la nerveuse, dérive toujours de l'idée ; aussi la lecture et les combinaisons sans fin tiennent-elles une grande place dans la vie. L'art sous toutes les formes occupe le reste de ses loisirs.

Ses affections sont toujours platoniques avant tout, et quelques-unes seulement sont l'objet d'une réalisation. La réussite d'une affection dépend du tact extrême et de la réserve que le futur saura mettre en jeu.

La nerveuse a très peu d'ordre, est timide, se perd toujours dans les détails et ne parvient que difficilement à diriger sa maison.

Dans une telle nature, la mémoire, assez développée, se porte principalement sur les détails. L'intelligence est vive, mais l'assimilation trop rapide; de là, de grandes obscurités dans la réalisation. La volonté existe à peine et se manifeste surtout par la bouderie. L'imagination règne partout en souveraine maitresse. La sensibilité est développée jusqu'au paroxysme, mais avec point de départ intellectuel.

La volontaire.

Physiquement, la volontaire se reconnaitra à ses grands pas lents, rappelant le pas de procession, à son teint sombre, à son nez aquilin à terminaison ronde, à ses lèvres fermées, serrées et droites, ainsi qu'à son menton avançant. L'écriture est droite, ferme et égale, les lettres sont généralement rondes.

La volontaire vit entièrement en elle-même. Elle parle et n'agit jamais que d'après ses propres idées, sans s'inquiéter de l'effet de cette action sur le milieu extérieur. Son défaut capital est l'orgueil, et ses proches souffrent beaucoup de son despotisme incessant. Le plaisir, pour la volontaire, dérive uniquement de la satisfaction de ses ambitions et de l'écrasement de ses rivales, le tout tempéré par une certaine générosité, s'exerçant de façon capricieuse. Ses arts préférés sont ceux qui s'exercent sur la forme : sculpture, architecture, etc.

Les affections sont toujours despotiques, et la réussite d'une affection dépend surtout de l'obéissance du futur à tous les caprices et à toutes les fantaisies.

La volontaire a peu d'ordre dans sa chambre, mais beaucoup dans ses tiroirs. Elle s'entend admirablement à diriger sa maison et se fait obéir sans réplique.

Dans une telle nature la mémoire est prodigieuse, mais l'assimilation est lente. L'intelligence est large, mais trop portée aux idées préconçues. La volonté tient la plus grande place et opprime les autres facultés, surtout l'imagination. La sensibilité est peu développée.

Petit essai de politique féminine.

Revenons encore à la physiognonomie et voyons
comment on peut agir sûrement sur chacune des quatre
grandes classes entre lesquelles nous avons réparti la
nature féminine.

Pour prendre empire sur la tranquille, veillez à la satisfaction de sa gourmandise, de sa paresse, et à la tranquil-
lité du milieu dans lequel elle agit. Vous créerez ainsi
autour d'elle une atmosphère d'habitudes dont il lui sera
presque impossible de se défaire.

Pour dominer l'active, veillez à l'emploi de son activité
même; ingéniez-vous à trouver sans cesse de nouveaux
voyages à faire, de nouveaux obstacles à vaincre ; sachez
la faire mettre en colère de temps en temps et n'oubliez
pas la flatterie.

Pour la nerveuse, usez, au contraire, d'admiration, et
remplacez par vos efforts personnels l'activité physique
qui lui fait défaut. Satisfaites ses petites manies que vous
connaîtrez vite, et n'oubliez pas que la jalousie ou l'envie, excitées à temps chez la nerveuse, en feront, quand
vous voudrez, une esclave. Que d'erreurs n'est-elle pas
prête à commettre par dépit!

Quant à la farouche volontaire, celle qui semble si froide
au premier abord, devinez vite son ambition cachée, et
frappez-la directement dans l'exagération de son colossal
orgueil. Acceptez son despotisme et dirigez sa vanité.
Vous serez le maître caché de cette indomptable nature.

Du mariage et des complémentaires.

Pour que deux êtres s'accordent pendant de longues
années, il faut, autant que possible, que leur nature se

complète, que l'espérance de l'un vienne détruire les cri-
ses de désespoir de l'autre, et que l'activité du premier
soit toujours à même de compenser les effets de la
paresse du second.

Dans l'antiquité, en Egypte et en Grèce, il y avait des
collèges de prêtres et de prêtresses chargés d'enseigner
les mystères de la famille, et cela évitait bien des catas-
trophes que la science contemporaine, figée dans son
pédantisme, n'a jamais pu prévenir.

Or, deux êtres, dont l'un a une écriture longue et penchée, et l'autre une écriture ronde et droite, sont complémentaires.

Le teint rouge et le teint jaune, le teint blanc et le teint
sombre, sont également complémentaires.

Les personnes aux doigts lisses et longs sont complémentaires, de celles aux doigts noueux et courts.

Les nez concaves sont complémentaires des nez aquilins.

N'assemblez donc jamais deux nerveux ensemble, deux
actifs ou deux volontaires, vous produiriez des querelles
plus ou moins violentes qui désolent certaines familles,
où, parents et enfants étant de même nature, l'harmonie
ne peut s'établir que rarement et pour peu d'instants.
Donnez-vous la peine de regarder autour de vous, et vous
verrez que ces données, en apparence frivoles, cachent
des enseignements qui peuvent être de grande portée.

Des natures complémentaires.

Avant d'abandonner cette étude des complémentaires,
capitale entre toutes par ses applications, définissons,
avec quelques détails le caractère des complémentaires
qui doit être choisi par chaque classe de femmes.

La règle générale à suivre, une fois qu'on a déterminé
les deux natures qui dominent dans un être (Voir ce
que nous avons dit au sujet du teint), est de chercher
comme complémentaires les natures nettement opposées.

Ainsi, la tranquille animique aura comme complémentaire le volontaire-nerveux; la contemplative et tranquille pessimiste aura comme complémentaire l'entreprenant (volontaire actif), etc.

Pour ne pas nous perdre dans les détails, disons que, dans nos grandes divisions, la calme a pour complémentaire le volontaire ; l'active se complète par le nerveux et réciproquement.

En étudiant les écritures, la forme des traits, la marche et la forme de la main, on verra que chaque détail répond strictement au complémentarisme de l'ensemble. Un peu de pratique suffira, du reste, pour arriver vite à des résultats surprenants, et nous souhaitons vivement à nos lectrices d'éviter ainsi les brouilles et les mille ennuis que cause un mariage mal assorti.. au point de v1e des complémentaires.

DIVERS

Théorie de l'horoscope.

Vous savez, n'est-ce pas, que les anciens astrologues prétendaient annoncer l'avenir d'un individu en se rapportant à la position des astres lors de la naissance de cet individu. Sur quelle théorie s'appuyait donc une telle affirmation ?

Sur cette idée que, de même que le tapis des Gobelins est fabriqué par des ouvriers invisibles pour nous quand nous regardons le tapis de face, de même le corps humain n'est que le résultat extérieur, matériel, du travail d'un autre principe que nous ne voyons pas à l'état normal et appelé *corps astral*.

Ce nom de corps astral venait de ce que c'était les influences des astres qui agissaient d'une façon prépondérante sur ce principe.

On pouvait donc, en étudiant attentivement *les formes* du corps physique, déterminer le caractère du corps astral, dont ce corps physique n'est qu'une traduction matérielle pour nos sens et, en poursuivant l'analyse, on pouvait découvrir quels étaient les astres qui avaient davantage influé lors de la naissance. De là l'étude des formes physiques considérées comme des *signatures astrales* et toutes les sciences de divination déductive. (Chiromancie, physiognonomie, métoposopie, etc., etc.) Voilà pourquoi les doigts et les lignes de la main ont, en chiromancie, les noms des sept planètes de l'ancienne astrologie.

L'astrologie et le caractère.

Les astrologues divisent la vie humaine en sept périodes embrassant les différentes phases de l'existence.

La lune domine la gestation, Mercure règne pendant l'enfance de 1 à 14 ans, Vénus domine l'adolescence de 14 à 28 ans, Apollon préside à la jeunesse de 28 à 42 ans, Mars commande la période où l'homme est au summum de sa force physique et intellectuelle de 42 à 56 ans. Le sage Jupiter dirige la vie humaine de 56 à 70 ans, l'âge mûr; et enfin le sombre Saturne tient sous sa coupe la vieillesse de 70 à 84 ans.

Il résulte de là que les gens qui naissent sous l'influence de Mercure sont toujours enfants et étourdis, même à 70 ans; que les heureux nés sous l'influence de Vénus sont toujours aimants et que les artistes sur qui domine Apollon restent jeunes toute leur vie. Par contre, les batailleurs sont soumis à Mars, les gens graves dès leur enfance dépendent de Jupiter, et les tristes, ceux qui, quel que soit leur âge, semblent toujours avoir 70 ans, sont les esclaves de l'influence de Saturne.

Cette division astrologique, rapportant la note dominante du caractère à l'influence planétaire, avait beaucoup frappé Gœthe.

Quelques traditions concernant la lune.

L'astrologie nous enseigne que notre satellite, véritable ganglion sympathique de la Terre, règle la croissance de tout ce qui pousse ici-bas. Si donc vous voulez que vos cheveux croissent, ne les coupez jamais que pendant la période croissante de la Lune (N. L. à P. L.)

Si, par contre, vous voulez restreindre la poussée trop

Conclusion.

Nous pourrions développer encore beaucoup ces données, forcément élémentaires. Mais nous avons assez abusé de la gracieuse attention de nos lectrices et nous avons fait nos efforts pour éviter les détails qu'on trouve dans tous les livres et pour donner, au contraire, un travail original et synthétique. Nous nous sommes, autant que possible, cantonné sur le terrain pratique, et si quelqu'une de nos lectrices veut maintenant voir le caractère des amis et des amies qui l'entourent, nous sommes persuadé que ces données lui suffiront pour obtenir des résultats curieux et que la pratique rendra de plus en plus remarquables. Si nous avons pu rendre quelque service, nous serons amplement récompensé de nos efforts.

Arcis-sur-Aube. — Typ. Frémont.

Pagination incorrecte — date incorrecte

NF Z 43-120-12

Documents manquants (pages, cahiers...)

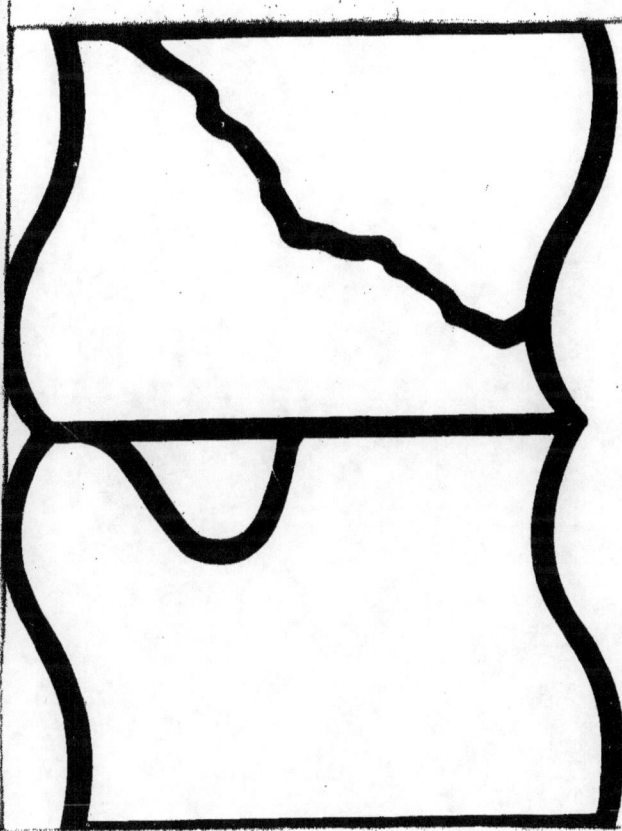

Texte détérioré — reliure défectueuse

NF Z 43-120-11